45 Pendeltafeln von A –Z

Eine Pforte zur anderen Ebene

Von
Jana Pordiáz

Erstauflage 06/2012

Vorwort

Ein faszinierendes und beliebtes Werkzeug ist auch heute immer noch das Pendel. Alles, was die persönliche Lebensqualität hebt, kann damit bestimmt und ermittelt werden. Als eine Art „Krückstock" lässt es sich in allen Lebenslagen einsetzen.
Die leichteste Methode bietet dabei die Anwendung von Pendeltafeln.
Mit der entsprechenden Tafel erhalten Sie stets eine zuverlässige Antwort. Dabei bietet sich nicht nur die Auswahl zwischen Ja und Nein, auch konkretere Ergebnisse sind möglich.
Es finden sich die unterschiedlichsten Pendeltafeln.
Prinzipiell zählen wir jedoch nur zwei Formen, die halbkreisförmige und die kreisförmige Pendeltafel.

40 verschiedene Pendeltafeln und praktische Tipps zur alltäglichen Anwendung finden Sie in diesem eBook.

Grundsätzliche Informationen zum Pendel

- Sie sollten beim Pendeln stets vom Mittelpunkt (dem kleinen Kreis in der Mitte) ausgehen.
- Möchten Sie etwas über eine andere Person in Erfahrung bringen, so benötigen Sie einen persönlichen Gegenstand von ihr, beispielsweise ein Foto, T-Shirt oder ähnliches. Idealerweise ist der oder diejenige Person persönlich anwesend.
- Im Allgemeinen wird die halbkreisförmige Pendeltafel bevorzugt, da sie einfacher in ihrer Handhabung und somit praxisgerechter ist. In diesem eBook finden Sie ebenfalls nur halbkreisförmige Pendeltafeln. Sie liefern ein eindeutigeres Ergebnis, da das Pendel einen Rückschwung liefert, welcher bei der halbkreisförmigen nur eine, bei der kreisförmigen Variante zwei Antworten bedeuten kann.
- Eine derartige Tafel unterteilt sich in mehrere beschriftete Sektoren, die mit Symbolen oder Farben versehen sind. In Verwendung mit Ihrem Pendel werden Sie nach kurzer Zeit ein Gespür dafür bekommen, dass dieses in manchen Sektoren stärker als in anderen schwingt. Aus diesem Grund sollte jeder Vorgang zur Bestätigung wiederholt werden. Gehen Sie hierzu immer wieder vom Mittelkreis der Pendeltafel aus.
- Wenn Sie sich vor der Antwort auf eine Ihrer Fragen fürchten, ist es möglich, dass das Pendel fehlerhaft antwortet.
- Seien Sie während des Pendelns geerdet und verschränken Sie die Arme nicht. Nur so kann die Energie blockadefrei durch den Körper fließen.

Eine Pendelanleitung

- Bevor Sie mit dem Pendel arbeiten, gilt es, Ihre Pendelhand zu bestimmen. Es muss nicht zwingend heißen, dass Sie sich beim Pendeln mit der linken Hand wohlfühlen, nur weil Sie Linkshänder sind.
- Im Anschluss können Sie mit den Fragen nach der Richtungsanzeige fortfahren. Nehmen Sie Ihr Pendel zur Hand (zwischen den Zeigefinger und Daumen), so ist ein freier Schwung ohne Beeinflussung gegeben.
- Hat Ihr Pendel seine Ruhestellung erreicht (dies kann kompletten Stillstand, ein leichtes oder starkes Zittern bedeuten), beginnen Sie mit der Fragenstellung. Auch die Ruhestellung des Pendels muss einmalig ermittelt werden.
- Das Vor- und Zurückschwingen des Pendels wird als „Ja", und ein waagerechtes Hin- und Herschwingen als „Nein" angesehen. Diagonale Bewegungen können zum Beispiel ein „Eventuell" bedeuten oder auch, dass die Frage zum momentanen Zeitpunkt nicht richtig beantwortet werden kann.
- Notieren Sie sich die Schwungrichtungen Ihres Pendels auf einem kleinen Notizzettel.
- Die Fragen nach der Richtungsanzeige bleiben, ebenso wie der (Nicht) Schwung in der Ruhestellung, gleich. Sie ändern sich nur wenn Sie Ihre Pendelhand wechseln.
- Wiederholen Sie jeden Vorgang zur Bestätigung.

Auswahltafel 1:Tafelwahl

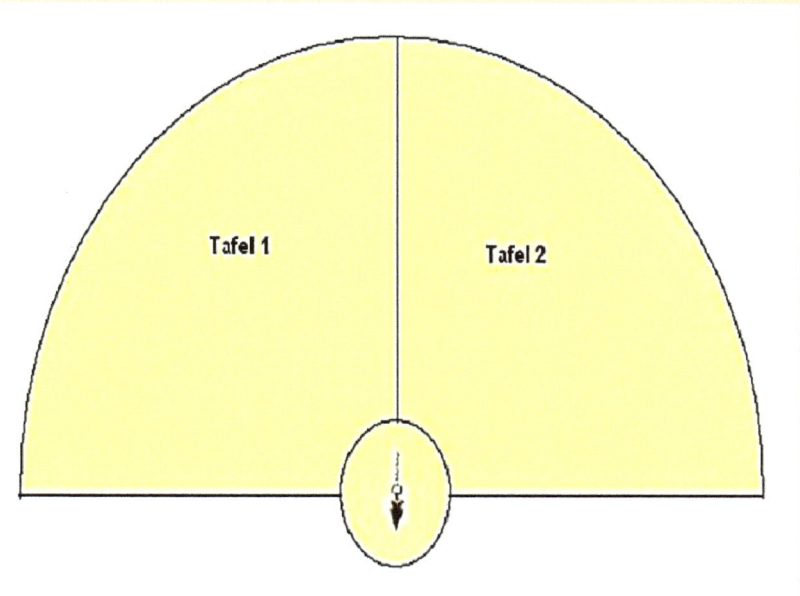

Auswahltafel 2: Ja/Nein

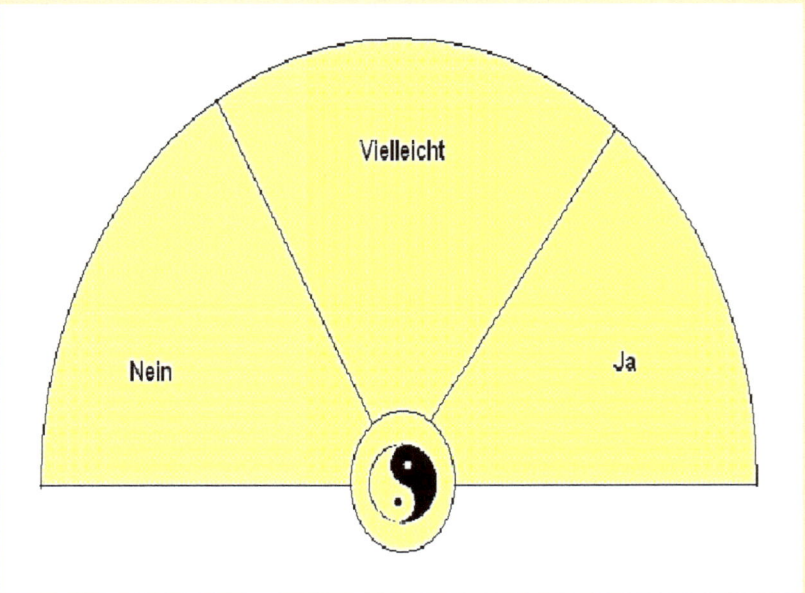

Allergien

Immer mehr Menschen leiden unter Allergien.
Gründe hierfür sind verschiedene Umwelteinflüsse, eine ungesunde Lebensweise oder Faktoren wie Stress und diverse Süchte. Der wirkliche Grund einer Allergie bleibt nicht selten lange Zeit verborgen und kann in Tests, die der Arzt durchführt, oft nicht festgestellt werden. Hier kann das Pendel eine zuverlässige Antwort liefern. Unterteilt in verschiedene Bereiche, gilt es, dem Allergieauslöser rascher auf die Schliche zu kommen.

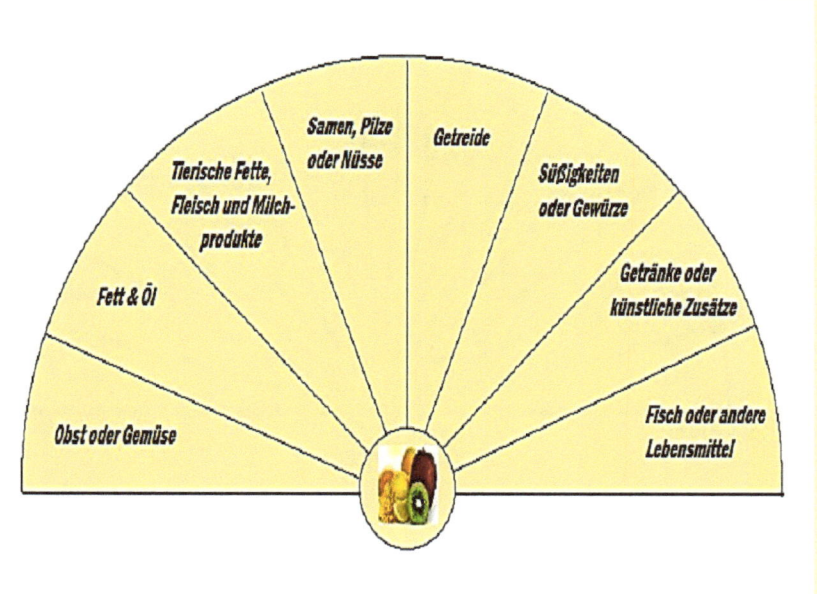

Bachblüten

Die Bachblütentherapie wurde in den 1930er Jahren von Bach entwickelt und gilt auch heute noch als erfolgreiche Therapie. Insgesamt gibt es 38 verschiedene Blütenpflanzen. Mit diesen Tafeln kann festgestellt werden, welche Bachblüten für Sie geeignet sind. Vorher sollte aber mit der Ja/Nein Tafel ausgependelt werden, ob Bachblüten Ihnen überhaupt helfen.

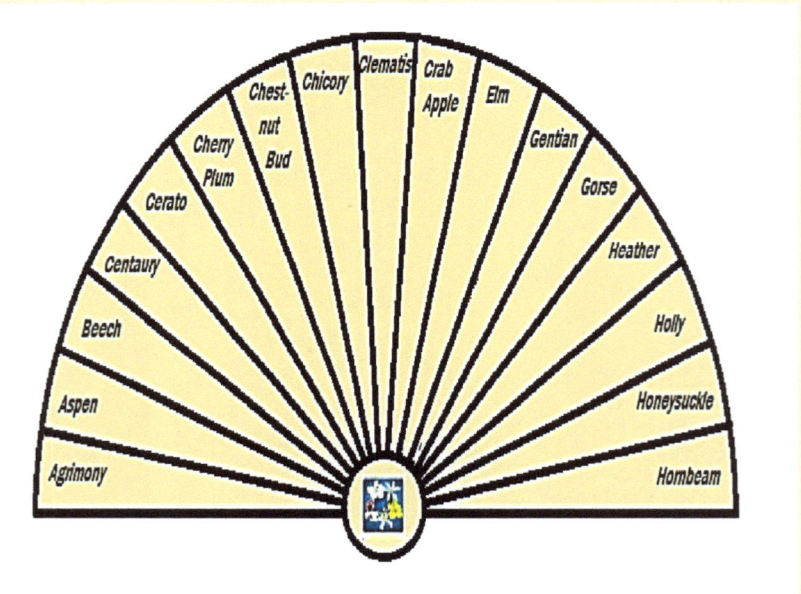

Bachblüten Tafel 2

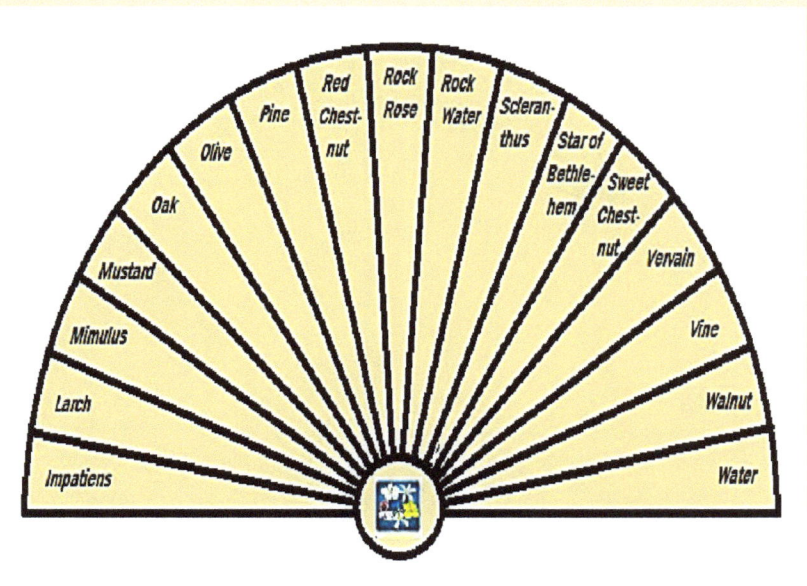

Bachblüten Tafel 3

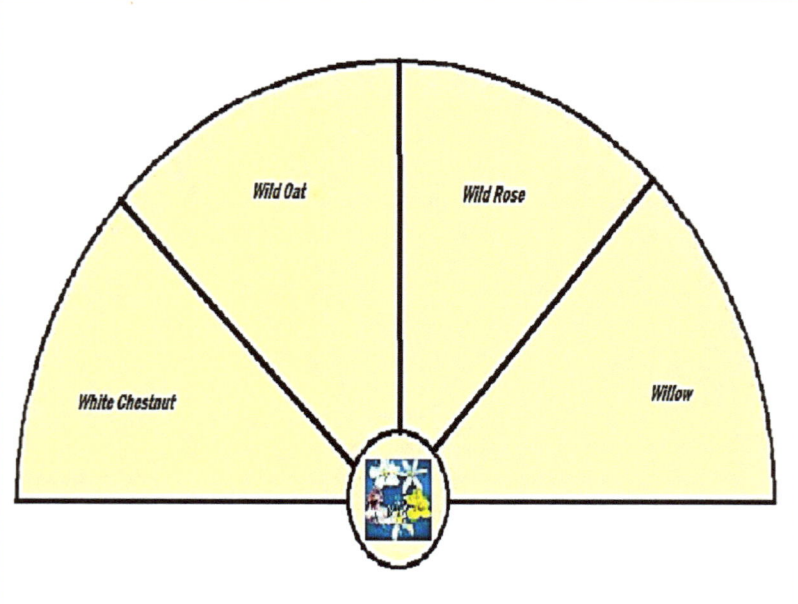

38 Bachblüten inklusive Übersetzung

38 Bachblüten mit Übersetzung:	Pflanze
Agrimony	Gemeiner Odermennig
Aspen	Espe/Zitterpappel
Beech	Rotbuche
Centaury	Tausendgüldenkraut
Cerato	Bleiwurz
Cherry Plum	Kirschpflaume
Chestnut Bud	Roßkastanienknospe
Chicory	Wegwarte
Clematis	Gewöhnliche Waldrebe
Crab Apple	Holzapfel
Elm	Englische Ulme
Gentian	Herbstenzian
Gorse	Stechginster
Heather	Schottisches Heidekraut
Holly	Europäische Stechpalme
Honeysuckle	Geißblatt
Hornbeam	Hainbuche
Impatiens	Springkraut
Larch	Europäische Lärche
Mimulus	Gefleckte Gauklerblume
Mustard	Ackersenf
Oak	Eiche
Olive	Ölbaum
Pine	Schottische Kiefer
Red Chestnut	Rote Kastanie
Rock Rose	Gelbes Sonnenröschen
Rock Water	Fels-Quellwasser
Scleranthus	einjähriger Knäuel
Star of Bethlehem	Doldiger Milchstern
Sweet Chestnut	Esskastanie/ Edelkastanie
Vervain	Eisenkraut
Vine	Weinrebe
Walnut	Walnuss
Water Violet	Wasserfeder
White Chestnut	Weißblühende Rosskastanie
Wild Oat	Waldtrespe
Wild Rose	Heckenrose
Willow	Gelbe Weide

Chakren

Als Chakren werden uralte, südasiatische, esoterische Lehren über subtile Energiezentren aus dem Hinduismus bezeichnet. Diese Energiezentren finden zwischen dem subtilen und materiellen Körper statt. Alte indische Texte überliefern, dass im Körper des Menschen zwischen 70.000 und 350.000 Energiekanäle verlaufen. Sie eignen sich zur Ursachenfindung und entsprechender inneren Beeinflussung.
Chakren stehen immer in einer Kasualität zueinander.

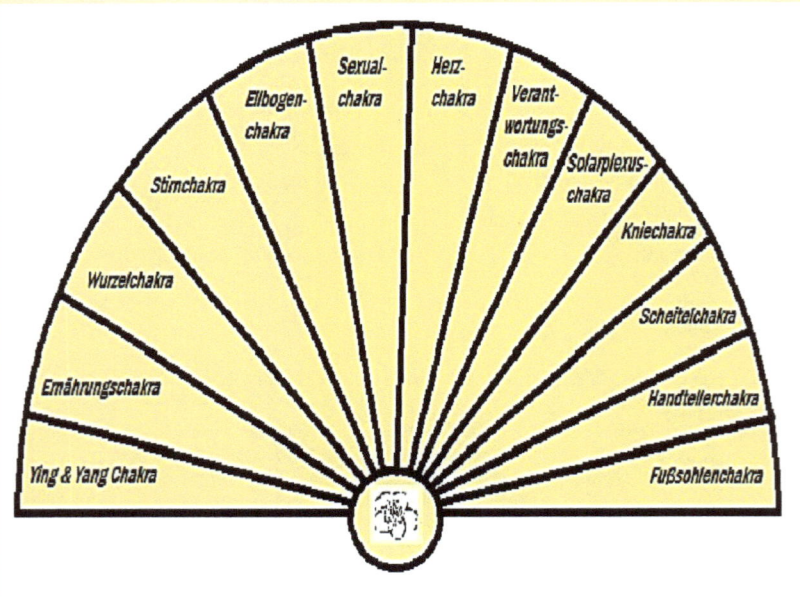

Engel

Schon zu früheren Zeiten wurde um Rat der Engel gebeten. Welcher Engel gibt Ihnen Schutz und welchen können Sie um Rat fragen, welcher steht Ihnen in Entscheidungsmomenten zur Seite und welcher Engel ist nicht gerade Ihr bester Freund?

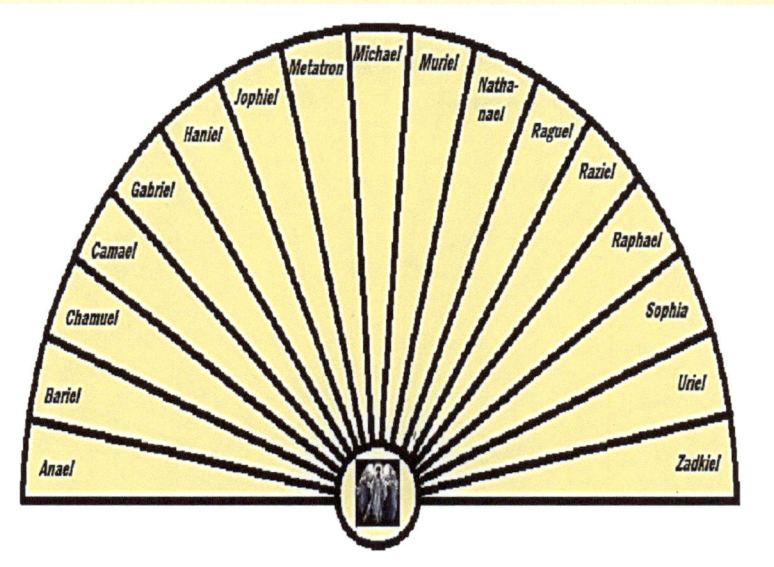

Esoterische Handlungen

Welches esoterische Tun entspricht Ihnen und Ihren Bedürfnissen? Finden Sie anhand der beiden Tafeln die Tätigkeit, die am ehesten zu Ihnen passt.

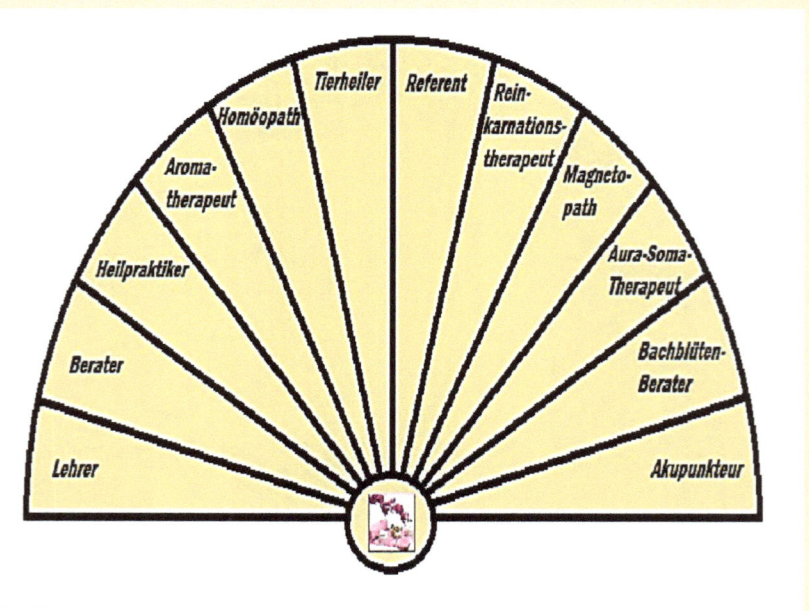

Esoterische Handlungen Tafel 2

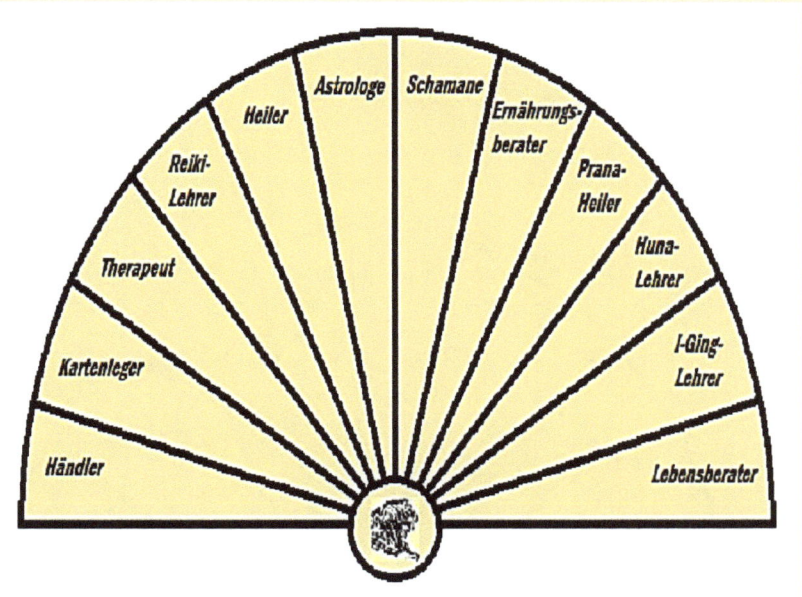

Farben

Lichtwellen, die durch unser Auge wahrgenommen werden, sind Farben. Je nachdem wie die Welle schwingt, können wir bestimmte Farben wahrnehmen. Sind keine Lichtwellen vorhanden, sehen wir schwarz. Sind im Gegenzug alle Arten von Lichtwellen vorhanden, so sehen wir weiß. Tendieren Sie zu einer Lieblingsfarbe?

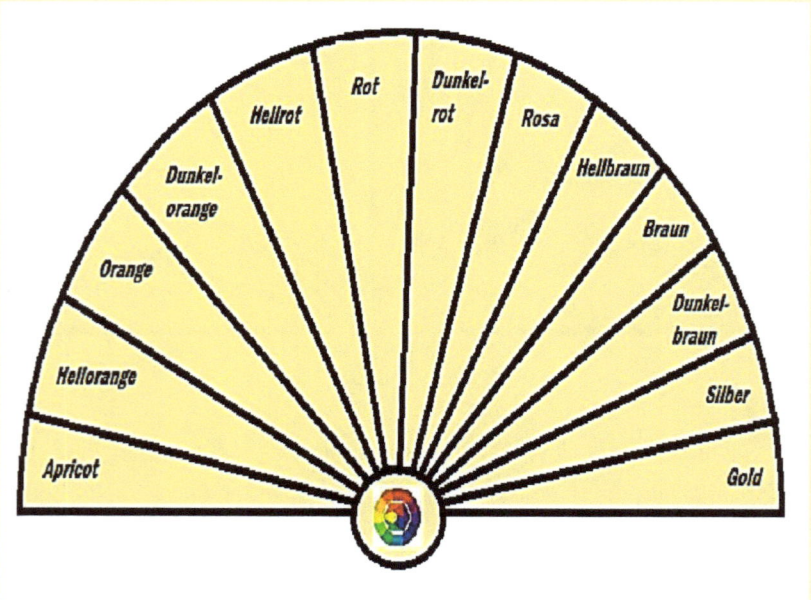

Farben Tafel 2

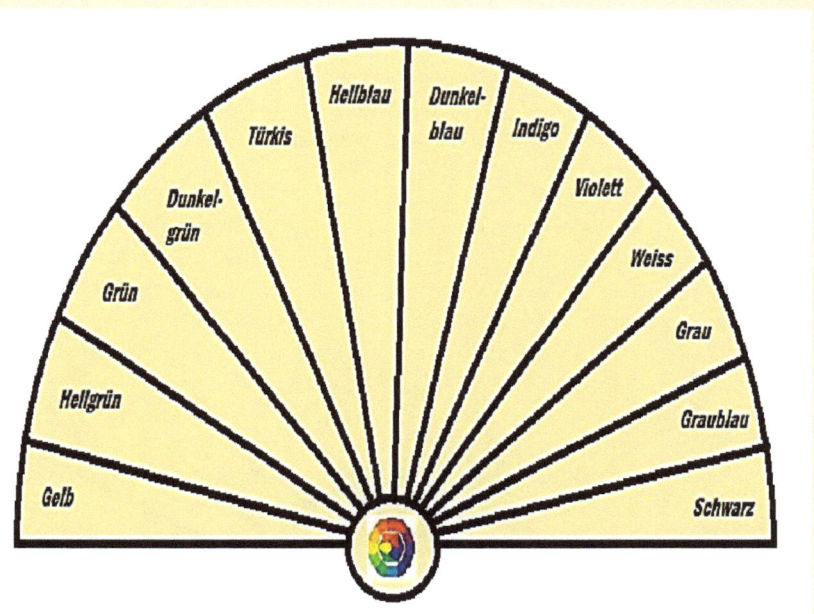

Freizeit

Was machen wir dieses Wochenende? Was unternehmen wir heute Abend?
Kommen Ihnen diese Fragen bekannt vor?
Befragen Sie doch das Pendel und pendeln Sie Ihre Ziele einfach mal aus.

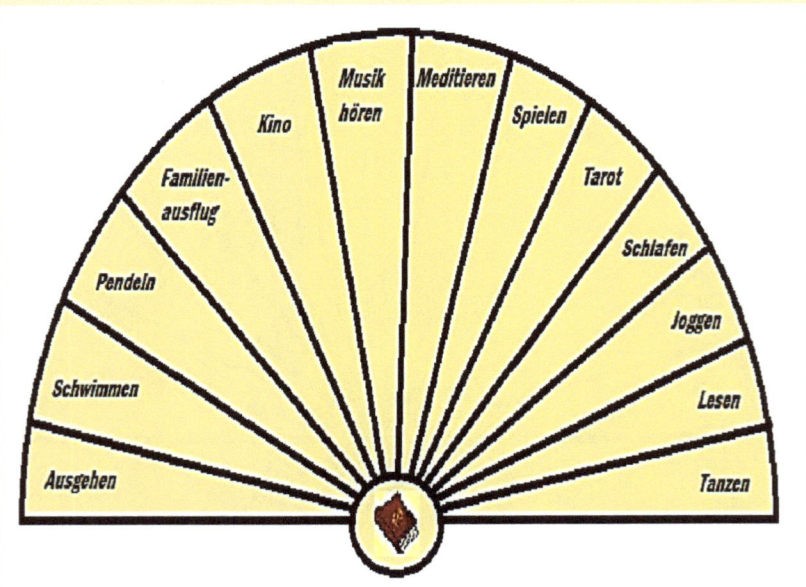

Fehlerquellen

An manchen Tagen fällt der Umgang mit dem Pendel schwer und will einfach nicht richtig klappen. Auch kann es vorkommen, dass Sie keine konkrete Antwort erhalten. Faktoren wie Stress, Übermüdung oder negative Einflüsse spielen eine große Rolle. Oft ist das Ergebnis nur durch falsche Einflüsse nicht richtig.
Pendeln Sie eventuelle Fehlerquellen aus.

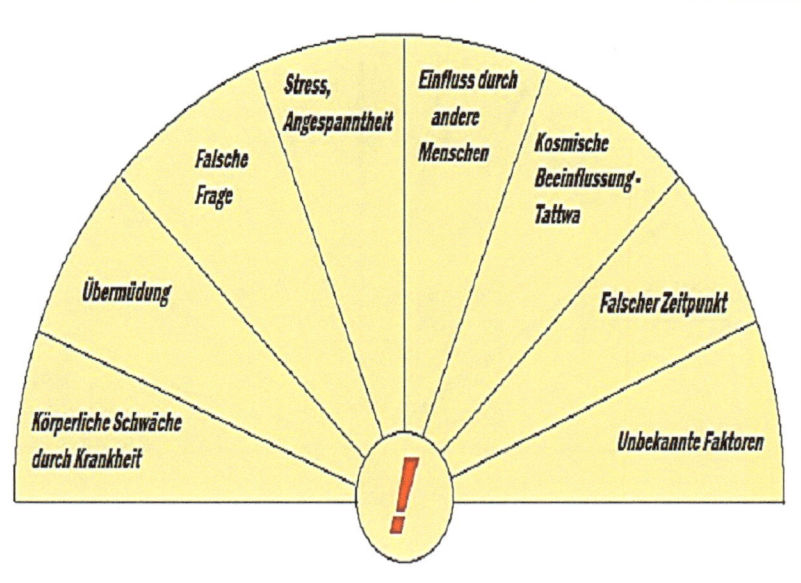

Gewichtsprobleme

Hier liegt eine weitere Stärke des Pendels.
Wie können Sie Gewichtsprobleme dauerhaft in den Griff bekommen?

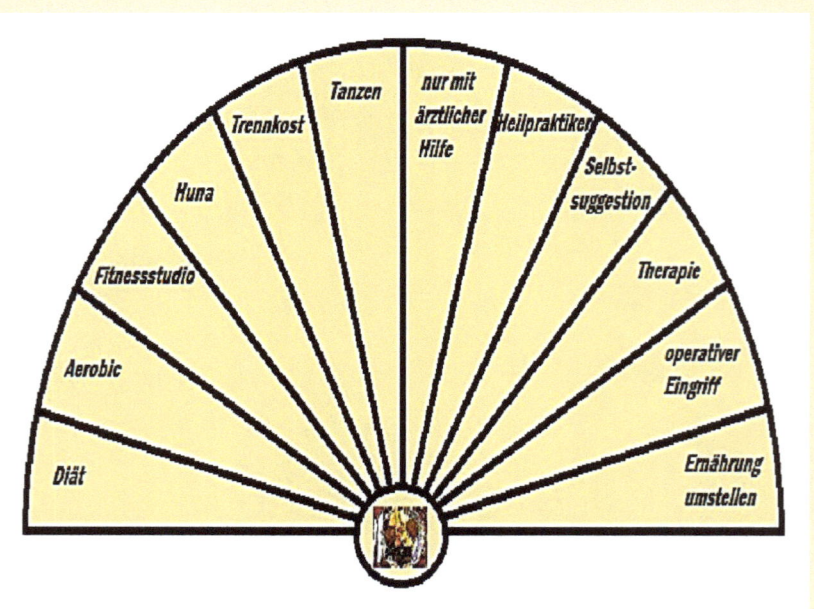

Glaube, Religion

Welchem Glauben, welcher Religion gehören Sie an?
Sind Sie sich noch unschlüssig?
Finden Sie es heraus und entdecken vielleicht neue Seiten oder Begabungen an sich?

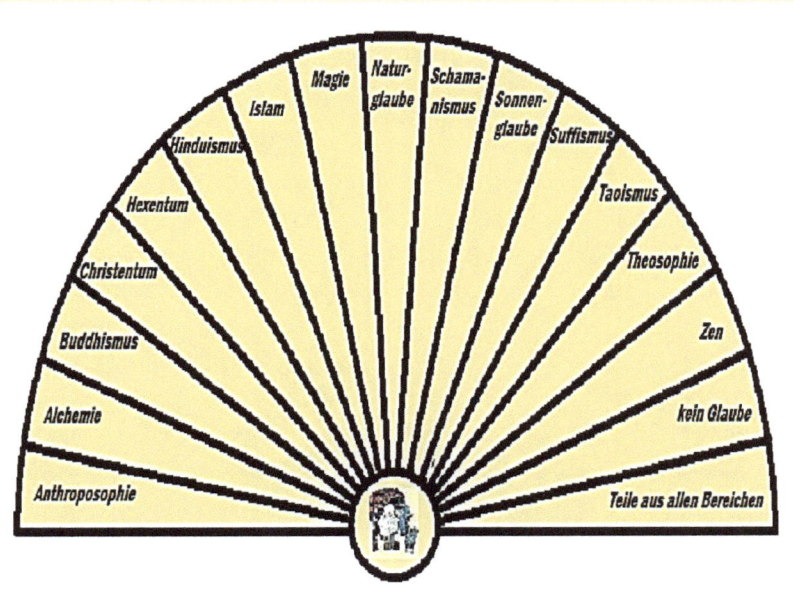

Haus & Wohnung

Welcher Raum hat die besten Energien?
Welcher die schlechtesten?
Welchen Raum sollten Sie heute meiden?
Stellen Sie Ihre eigenen Fragen.

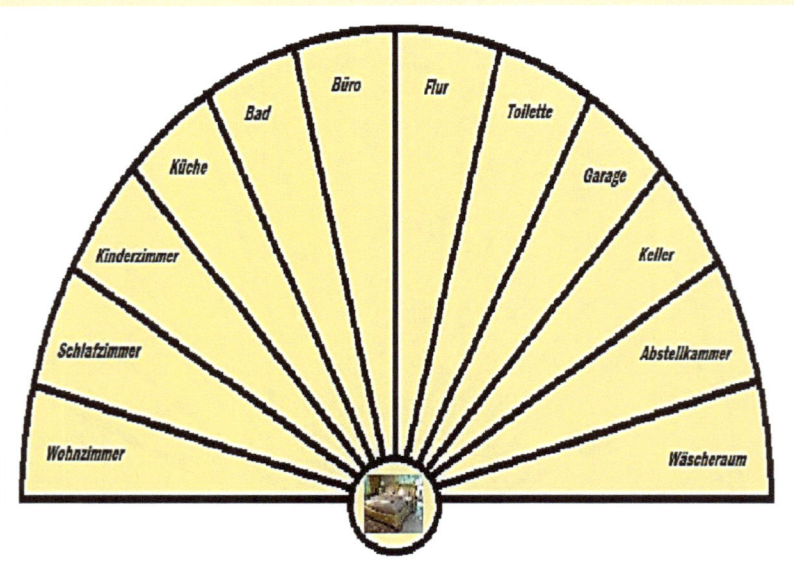

Heilsteine

Steine geben Kraft und senden durch Schwingungen Energie.
Welcher Stein ist gut für Sie? Welcher gibt Ihnen die nötige Kraft?
Welcher Stein hilft bei bestimmten Wehwehchen?
Idealerweise pendeln Sie zuerst aus auf welcher Steintafel Sie Ihren persönlichen Stein finden
und in welcher Form er für Sie am besten erscheint, das erleichtert die Suche!

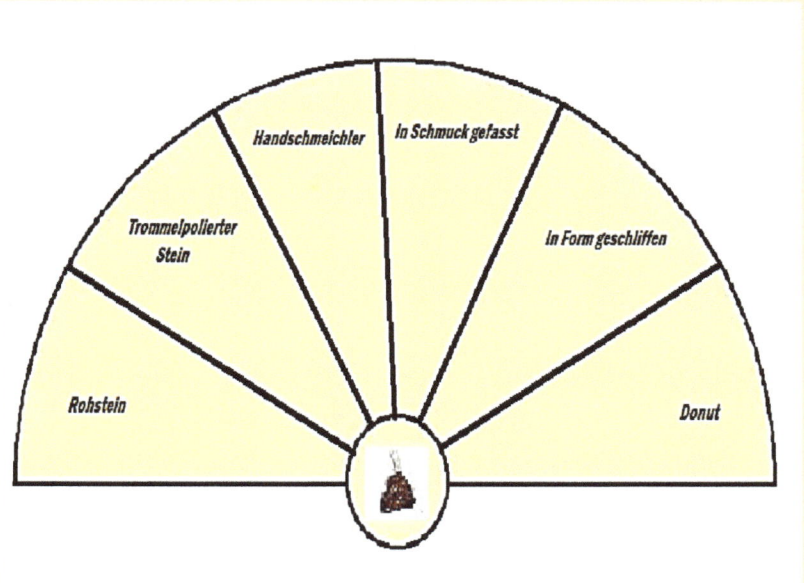

Steinauswahltafel

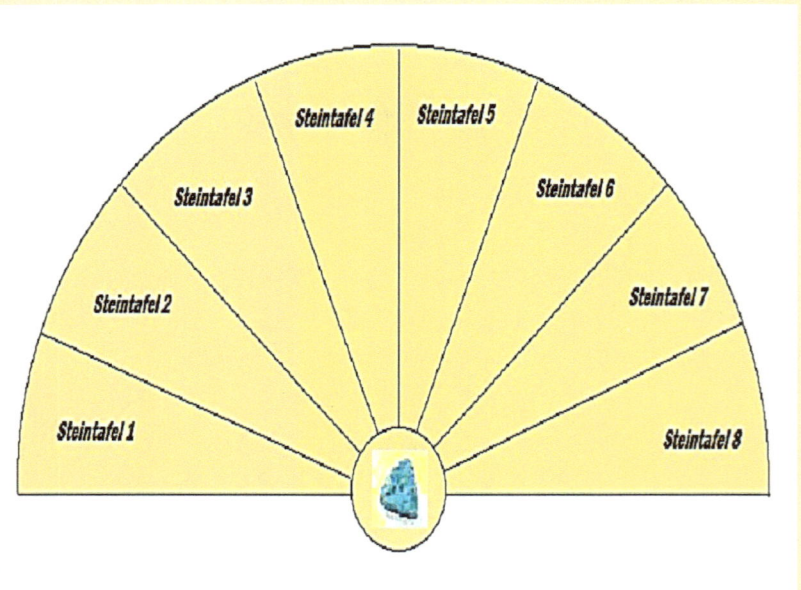

Steintafel 1

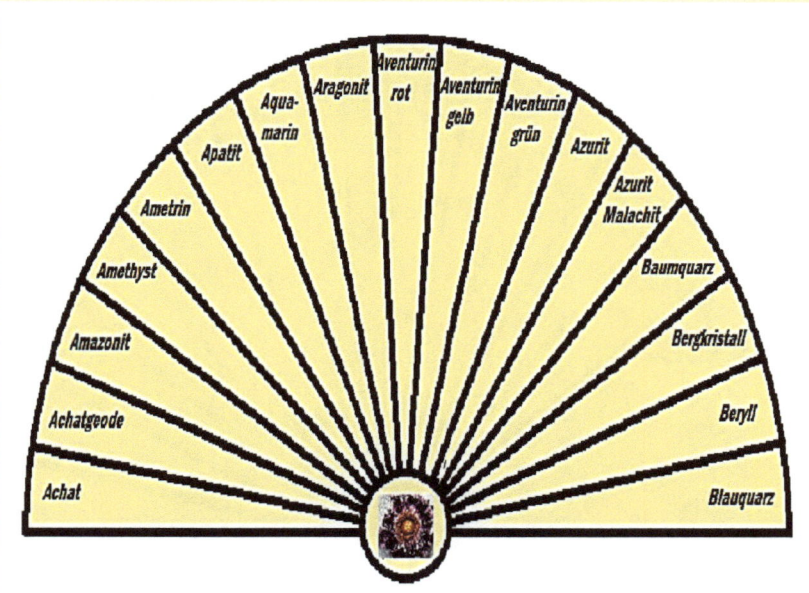

Steintafel 2

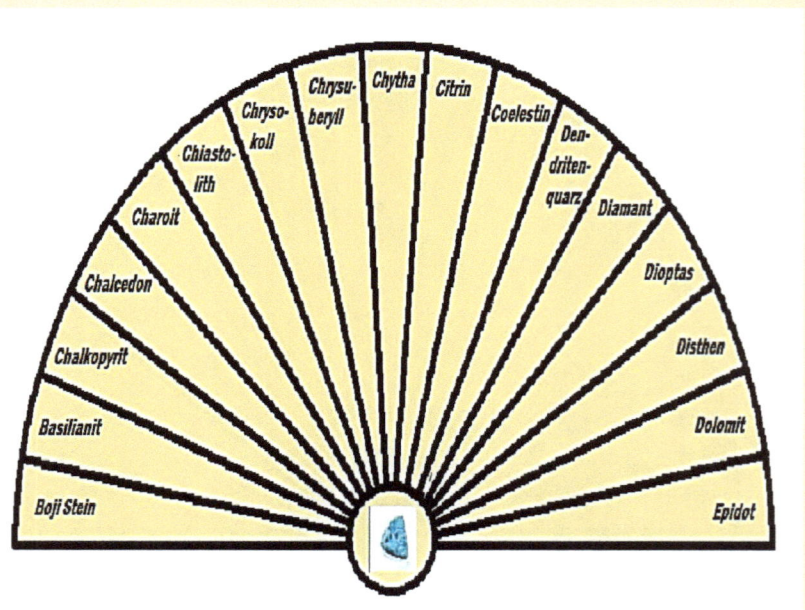

Steintafel 3

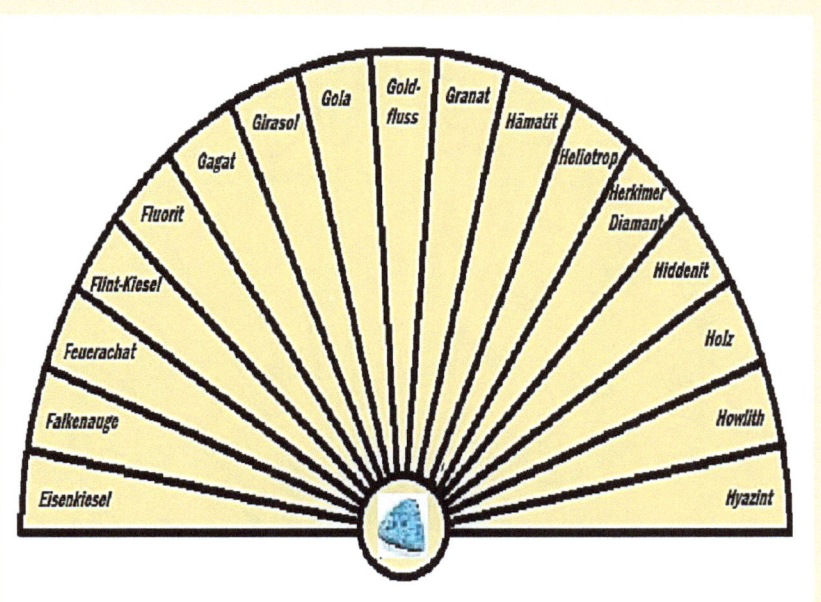

Steintafel 4

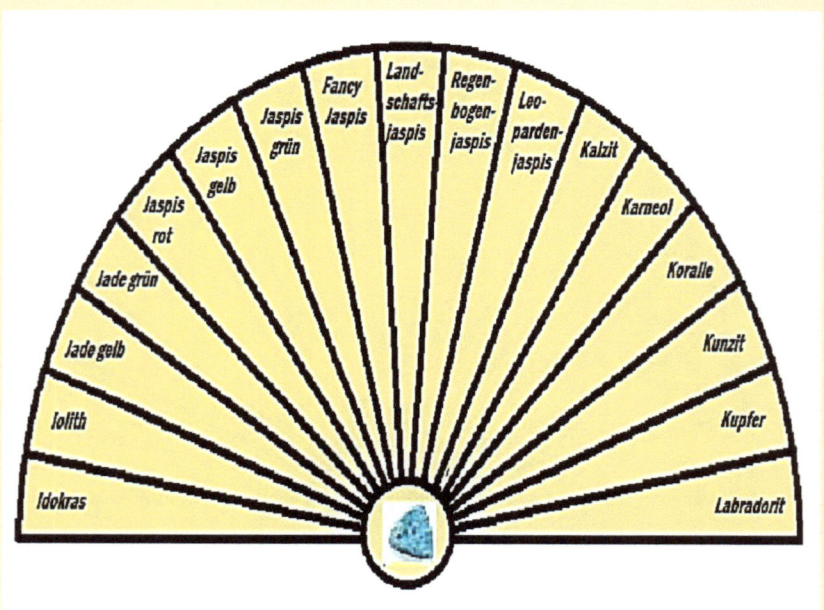

Steintafel 5

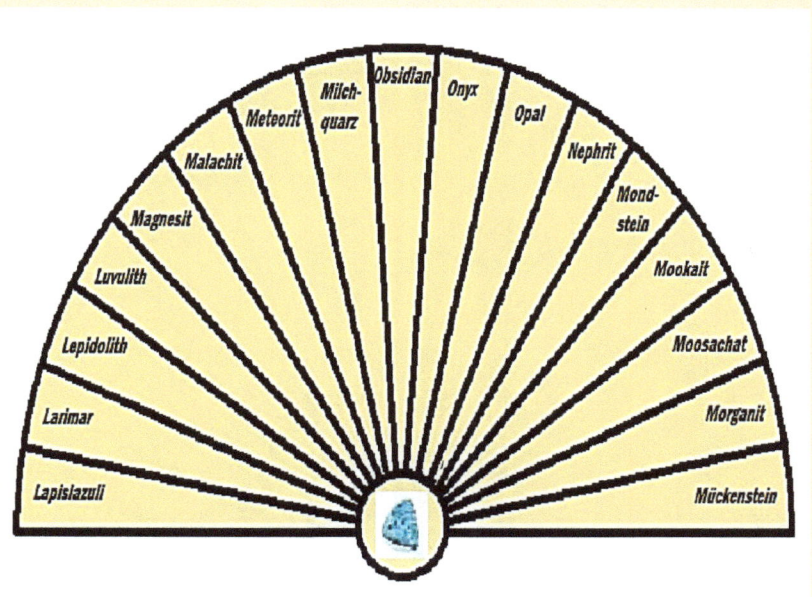

Steintafel 6

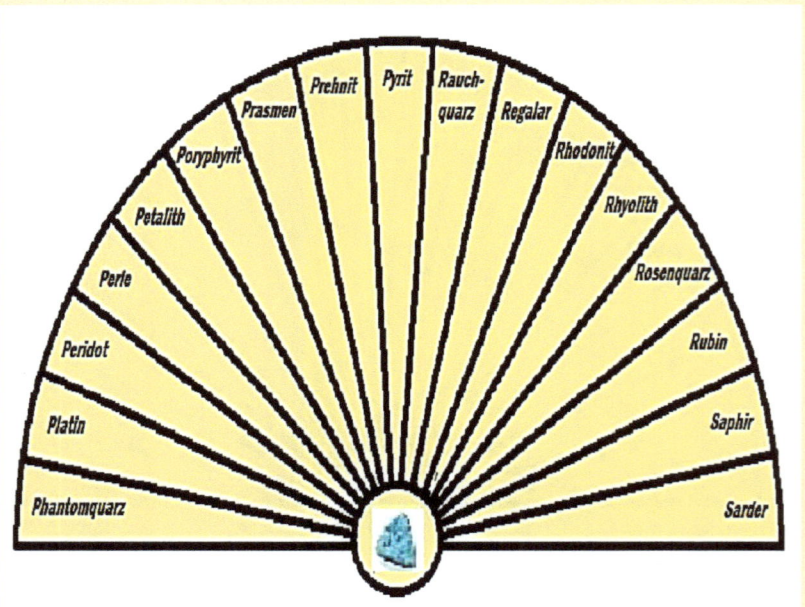

Steintafel 7

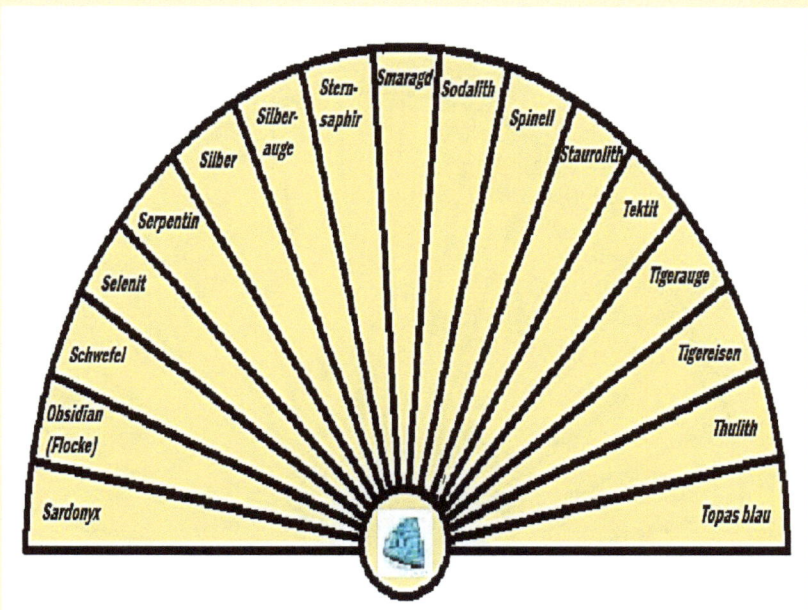

Steintafel 8

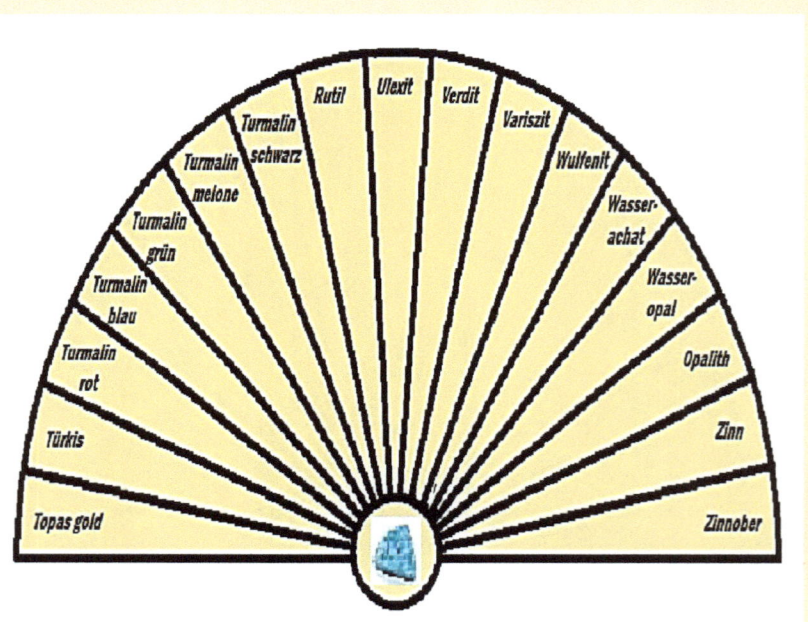

Ja/Nein Tafel

Diese Tafel dient zur Entscheidung bei konkreten Fragen.

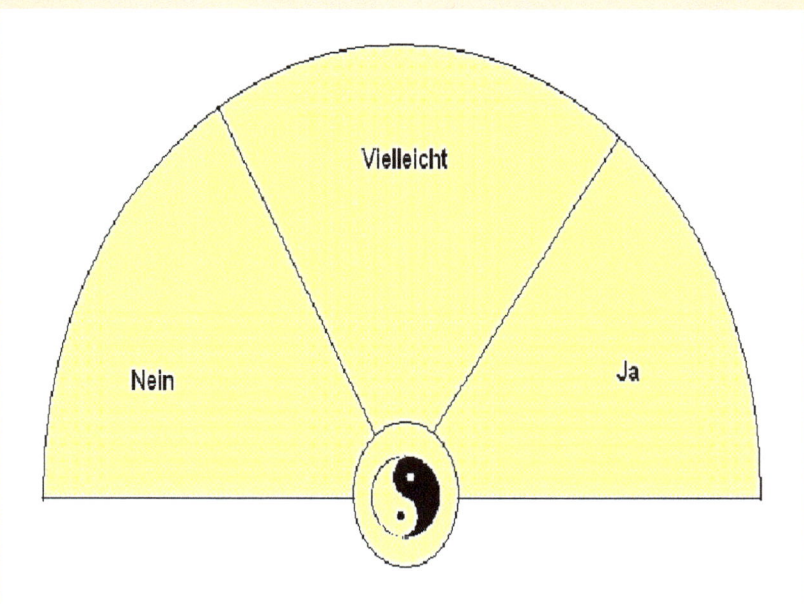

Körperbereiche & Organe

Welche Bereiche Ihres Körpers sind stark?
Welche am schwächsten?
Welche Bereiche bedürfen besonderer Aufmerksamkeit oder sollten
medizinisch untersucht werden?

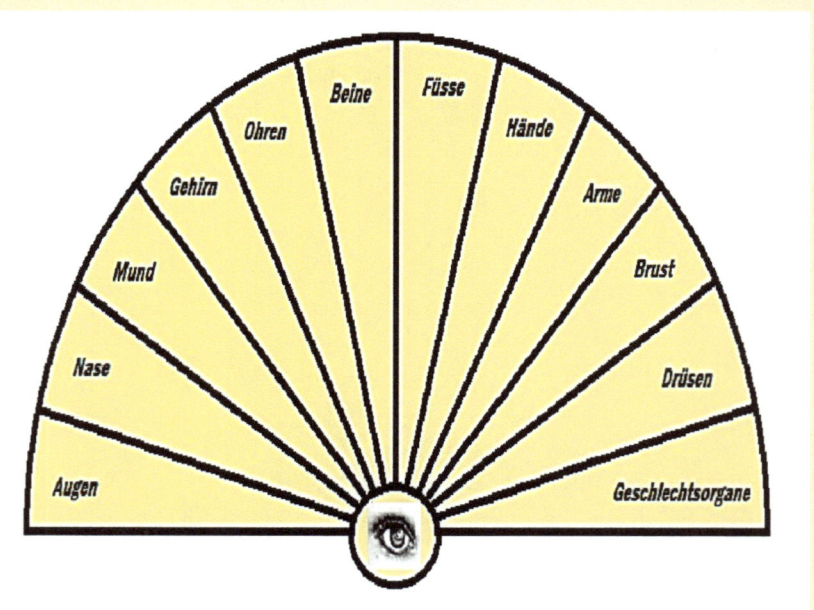

Körperbereiche & Organe Tafel 2

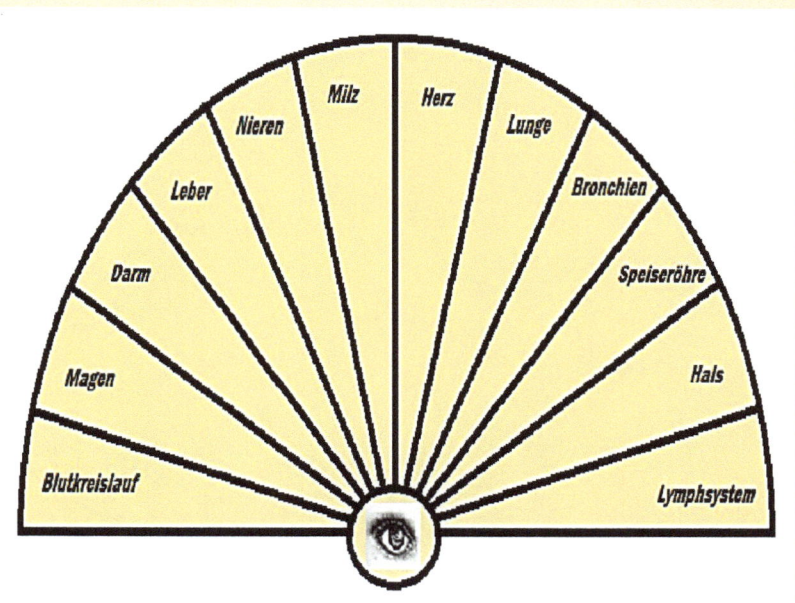

Lichtwesen/Meisteressenzen

Hier gilt dieselbe Vorgehensweise wie bei den Bachblüten.

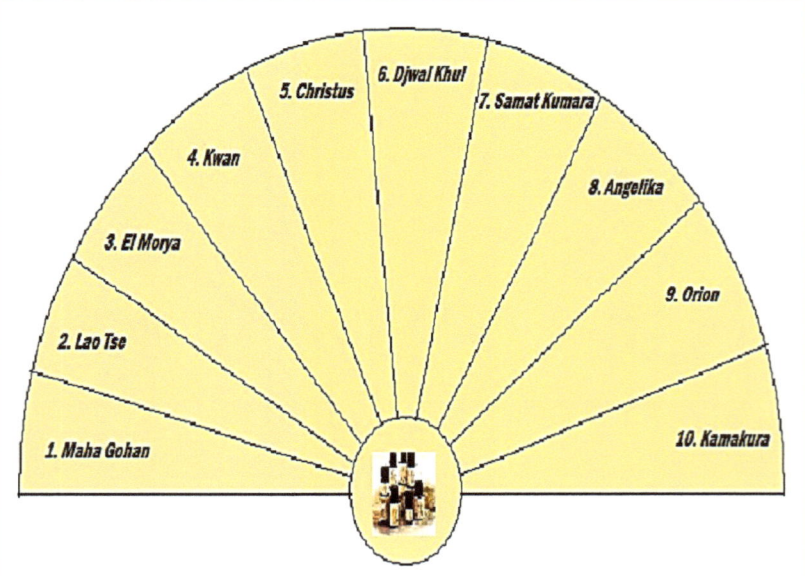

Lichtwesen/Meisteressenzen Tafel 2

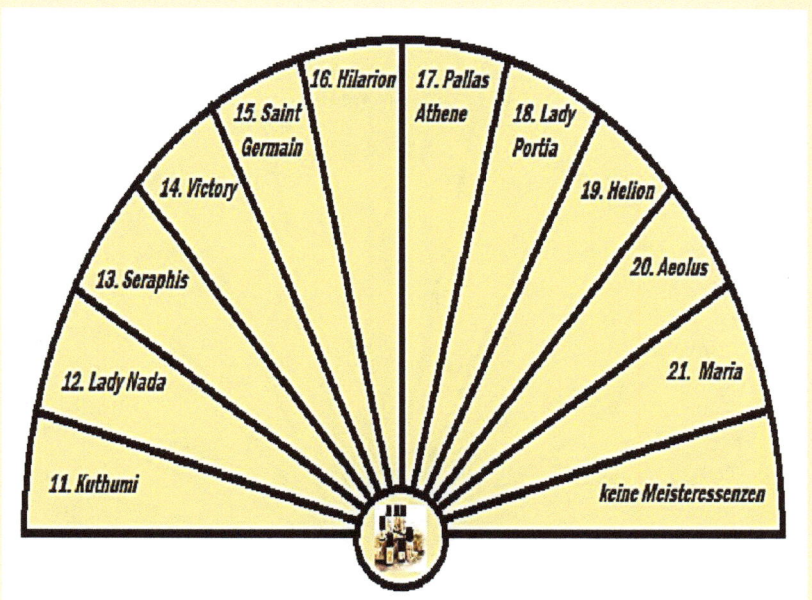

Lebensmittel

Welche Lebensmittel sind gut für Sie und welche besser zu meiden?
Ihr Pendel liefert Ihnen mit dieser Tafel die richtige Antwort.

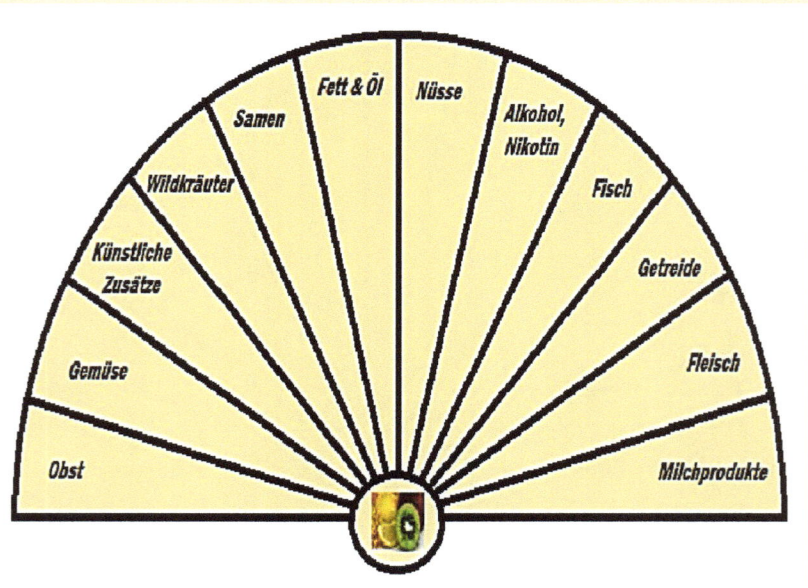

Nahrungsergänzungsmittel

Was benötigen Sie *derzeit* am meisten?
Welches Nahrungsergänzungsmittel sollten Sie unbedingt meiden?

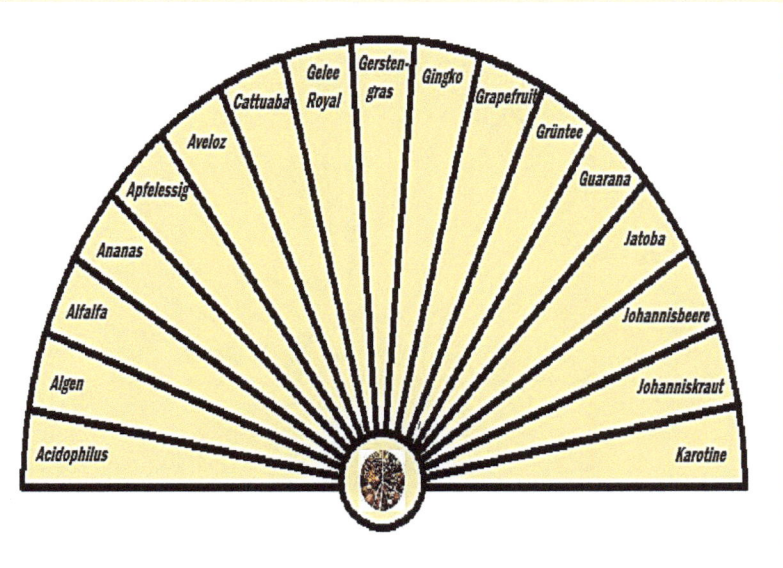

Nahrungsergänzungsmittel Tafel 2

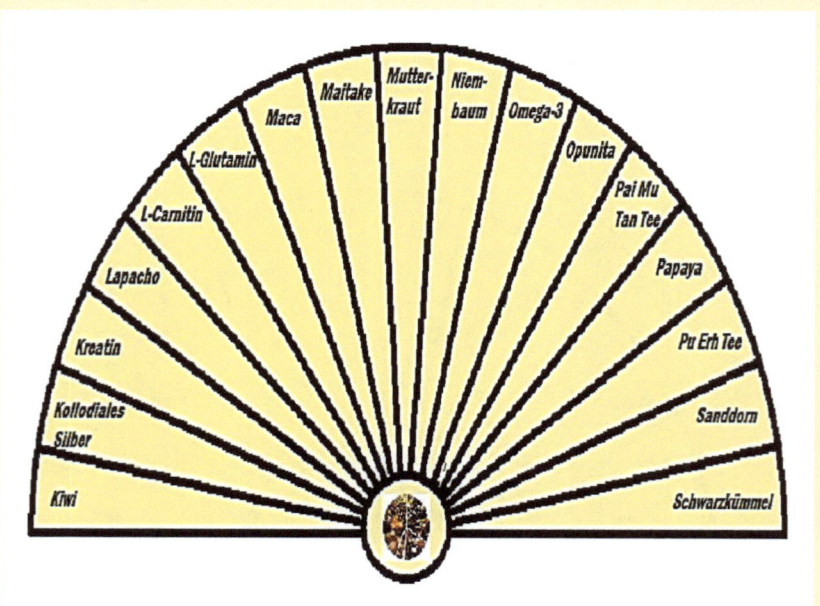

Nahrungsergänzungsmittel Tafel 3

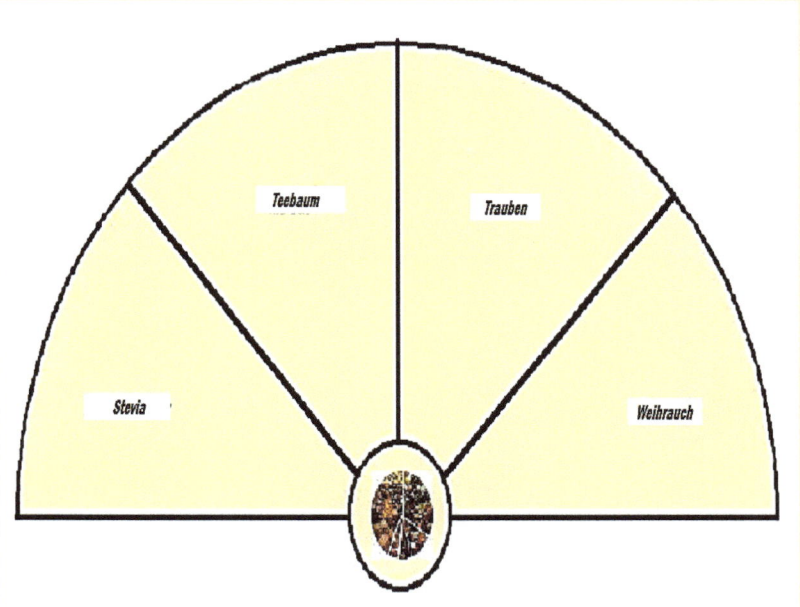

Pendelfähigkeit

Jeder Mensch kann Pendeln. Jedoch ist die Pendelfähigkeit jeden Tag anders. Durch Faktoren wie Stress, Streit oder Ängste kann die Fähigkeit sinken. Wie hoch diese an jenem Tag ist, können Sie anhand der Pendelfähigkeitstafel feststellen.

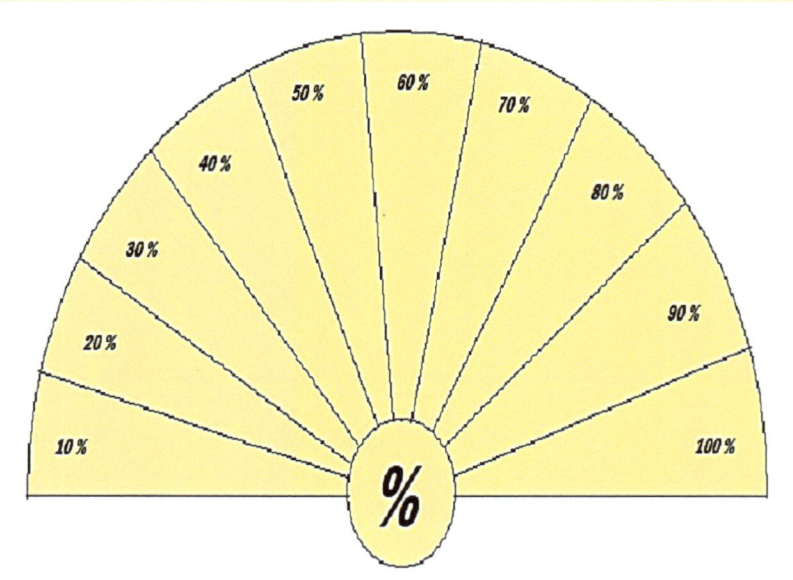

Planeten

Planten beeinflussen unser jegliches Geschick.
Welche Energien der verschiedenen Planeten für Sie zu- oder abträglich sind,
können Sie anhand der Tafel herausfinden.

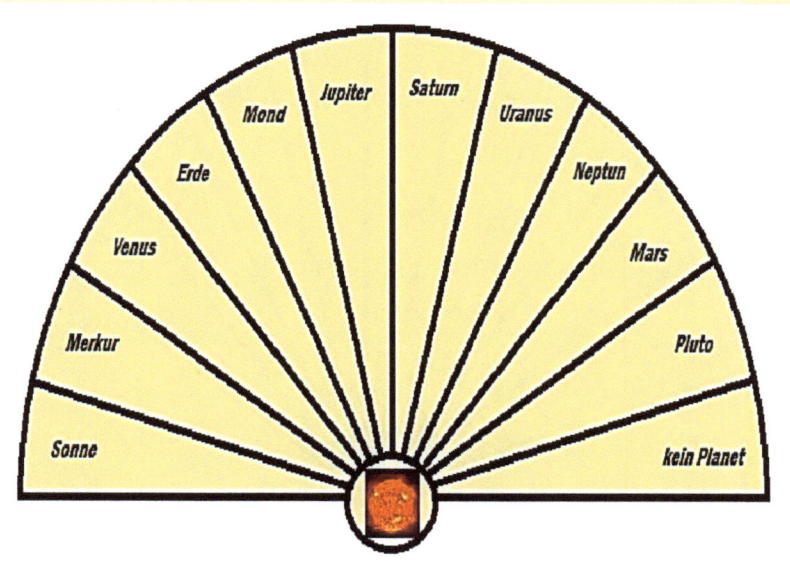

Runen

Als Runen werden Kraftsymbole angesehen, die zu den altüberlieferten Systemen gehören und symbolische Darstellungen bieten.
Welcher Rune gibt Ihnen Kraft oder ist für Sie als Talisman geeignet?
Welche Runen aktivieren im Allgemeinen Ihre Kräfte?

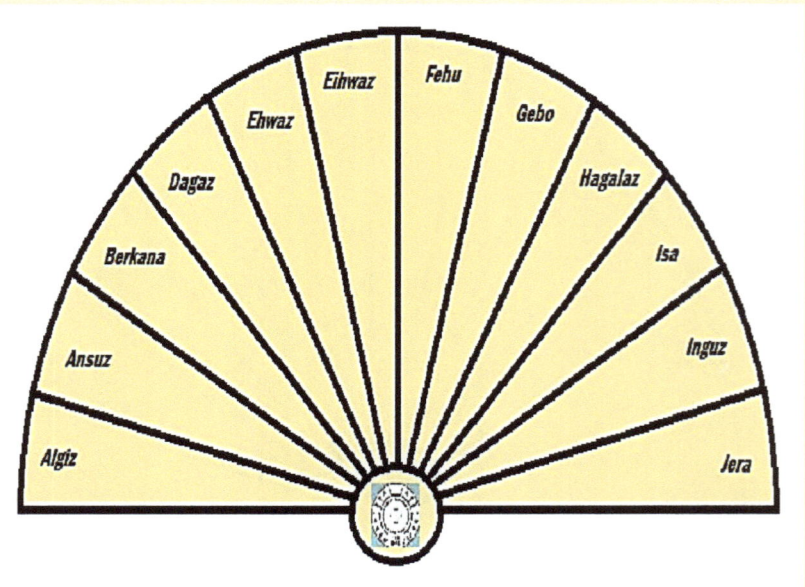

Runen Tafel 2

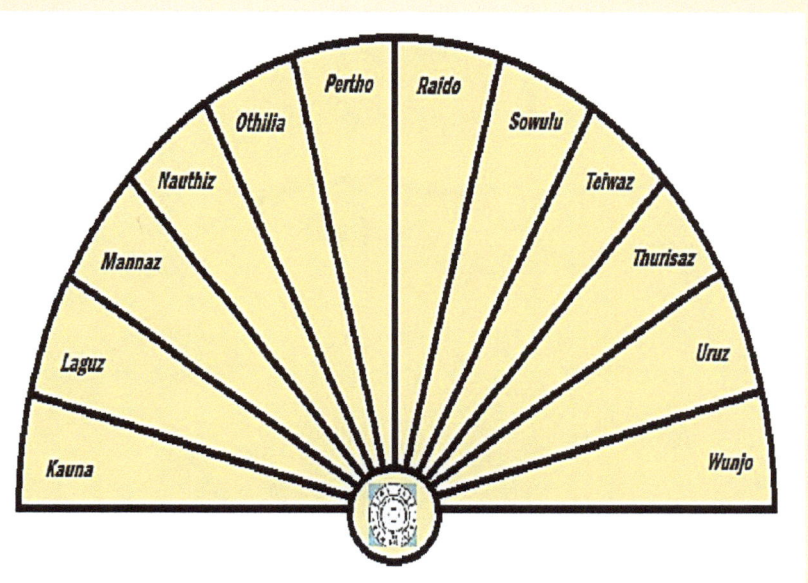

Sternzeichen

Welche Sternzeichen harmonieren mit Ihrem eigenen?
Welche Sternzeichenenergie bringt Sie beruflich weiter?
Welches Sternzeichen hat eine bestimmte Person?

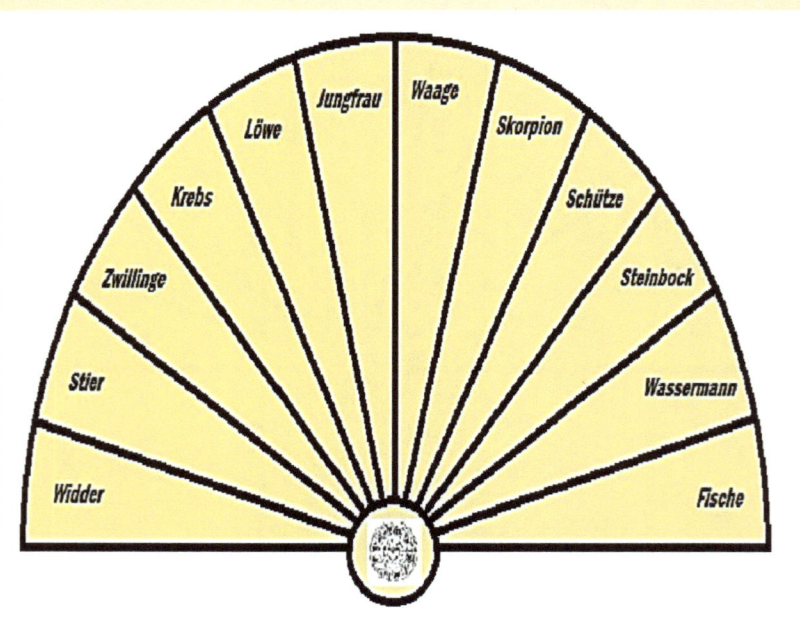

Therapien, Heilformen

Heutzutage sind Heiltherapien auf verschiedensten Wegen möglich. Die einfachste Möglichkeit, die gerne bevorzugt wird, ist der Gang zum Arzt. Dass eine Behandlung mit Medikamenten in chemischer Form in vielen Fällen notwendig oder besser ist, sei dahingestellt. Wenn Sie Blockaden, Krankheiten und jegliche Stoffwechselstörungen mit pflanzlichen Mitteln zu beheben versuchen, müssen Sie im Anschluss zumindest die Giftstoffe nicht aus dem Körper ausleiten. Welche Therapie kann bei Ihnen Wirkung zeigen? Welche Heilmethode entspricht am ehesten der Ihrigen? Pendeln Sie es aus.

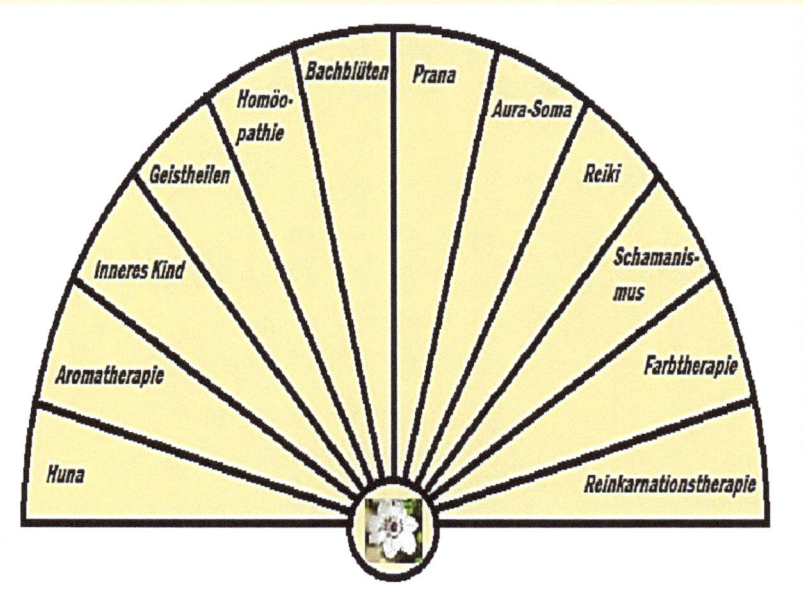

Tarot

Für gewöhnlich werden die Karten beim Tarot gemischt und gezogen. Diese lassen sich auch gut auspendeln.
Welche Karte ist die Antwort auf Ihr Problem? Welche Karte gibt Kraft, welche bringt Ihnen Glück?

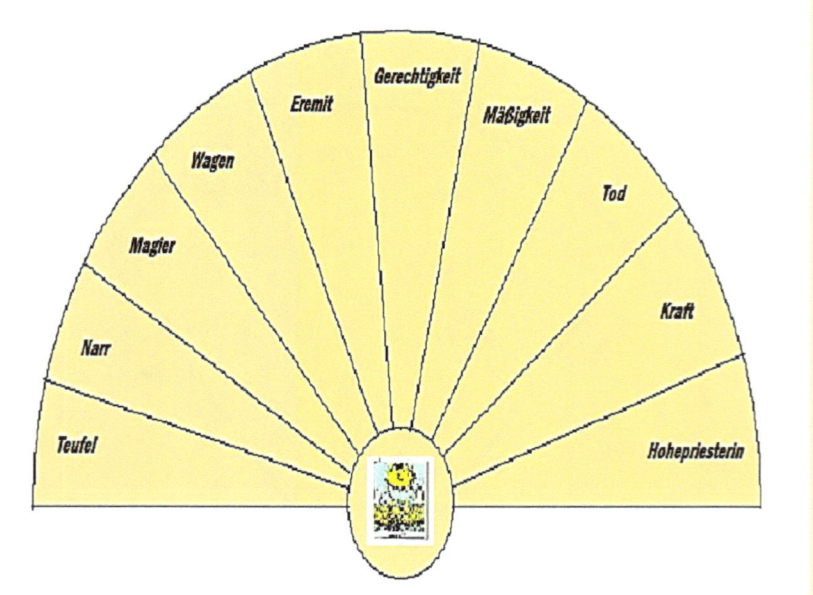

Tarot Tafel 2

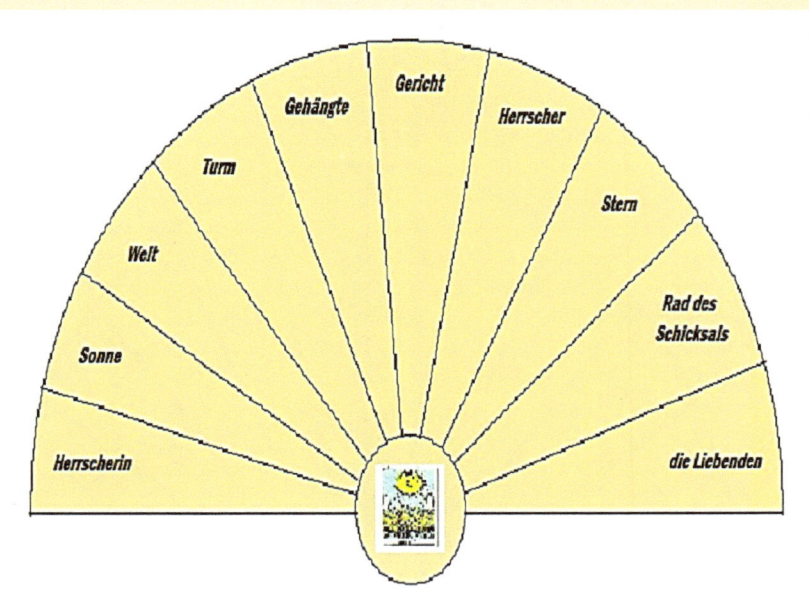

Tafeln zum Ausfüllen

Hier können Sie ihre eigene Pendeltafel kreieren, nach Belieben gestalten und ausdrucken.
Lassen Sie Ihrer Kreativität freien Lauf.

Ausfülltafel 2

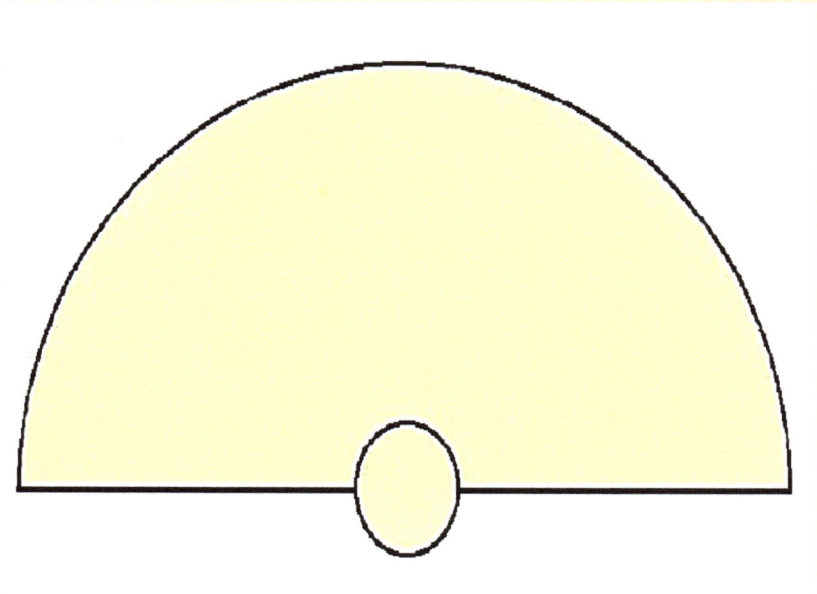

Urlaubsgestaltung

Welche Art von Urlaub wäre für Sie im Moment ideal?
Was benötigt ihre Seele gerade?
Das Pendel liefert Ihnen die Antwort.

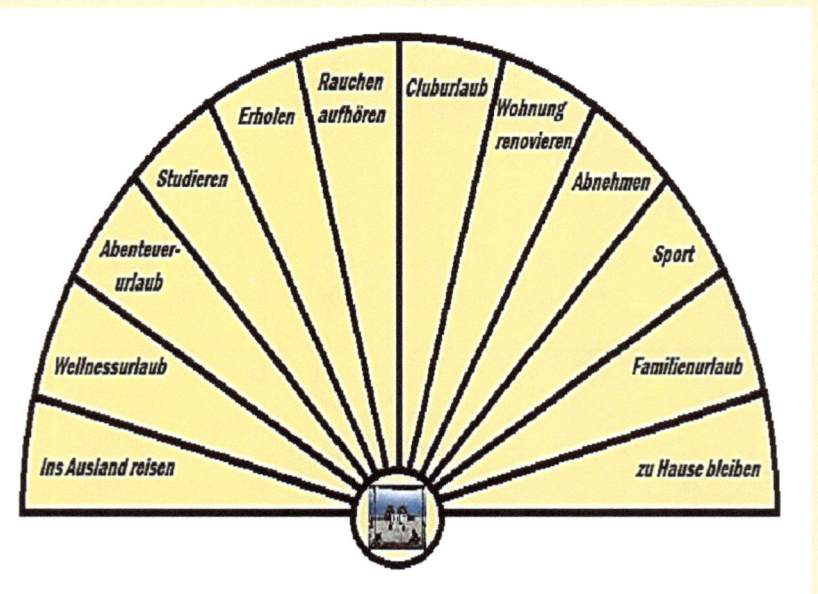

Impressum

© 2012 Jana Pordiáz
Kontakt: janapordiaz@googlemail.com

Herstellung und Verlag: GD Publishing Ltd. & Co KG"

ISBN:

Bibliografische Information der Deutschen Nationalbibliothek: Die Deutsche Nationalbibliothek verzeichnet diese Publikation in der Deutschen Nationalbibliografie; detaillierte bibliografische Daten sind im Internet über www.dnb.de abrufbar.

www.ingramcontent.com/pod-product-compliance
Lightning Source LLC
Chambersburg PA
CBHW041812040426
42450CB00001B/8